Inhalt

- Im Heft findest du Regeln und Tipps, die dir beim Lösen der Aufgaben helfen.

- Aufgepasst: Die Aufgaben mit einer  sind etwas schwieriger.

- Lege die 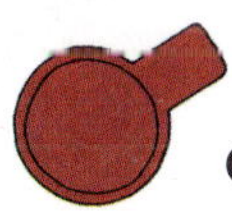 auf die roten Lösungsfelder, dann werden die richtigen Ergebnisse sichtbar.

- Für viele Aufgaben dieses Heftes gibt es nicht nur eine richtige Lösung. Dort sind die Lösungen deshalb nur Vorschläge.

- Lege ein leeres Heft bereit, in das du deine Geschichten schreiben kannst.

So kannst du auch sagen:

Namenwort	– Hauptwort, Nomen, Substantiv
Tunwort	– Zeitwort, Verb
Wiewort	– Eigenschaftswort, Adjektiv

Buchstabenspiele

1 Bilde mit jedem Buchstaben des roten Wortes neue Wörter, die zum ersten Wort passen. Detektiv Karlo hat es mit dem Wort „Essen“ schon vorgemacht.

E is 

S alat 

S chokolade 

E rdbeeren 

N usskuchen 

T iger ____________

I ____________

E ____________

R ____________

E ____________

2 Konfetti hat im Garten zwei seltsame Zettel gefunden. Kannst du die Sätze darauf lesen?
Tipp: Versuche, die Betonung der Wörter zu ändern.

3 In der Wörterschlange fängt jedes neue Wort mit dem letzten Buchstaben des vorherigen Wortes an. Setze die Namenwörter in der Schlange fort.

4 Zu jedem Buchstaben seines Namens möchte Stefan einen Zungenbrecher finden. Hilfst du ihm dabei?

S ieben satte Seebären sehen Salamander.

T ausend

E

F

A

N

5 Kannst du mit den Buchstaben des Wortes eine kleine Geschichte schreiben? Überlege gut.

K ai hat eine Katze als Haustier bekommen.

A bends liegt Minka gerne am Ofen.

T

Z

E

6 Schaffst du es, lange Kettenwörter zu bilden? Auf der linken Seite steht schon ein Beispiel.

Apfel

Apfelkuchen

Apfelkuchenrezept

Apfelkuchenrezeptbuch

Blumen

Stichwörter sammeln

1 Konfetti findet eine alte Zeitung am Strand. Aber einige Wörter sind verwischt. Kannst du die Wörter auf dem Sonnenschirm richtig eintragen?

Wegen eines heftigen Sturms kenterte am ____________ ein Ruderboot in der Nähe des ____________ . ____________ gerieten in ____________ . Sie konnten von der ____________ gerettet werden.

2 Jetzt kannst du sicher diese Fragen beantworten:

Wer war beteiligt?

____

Wo passierte es?

____

____

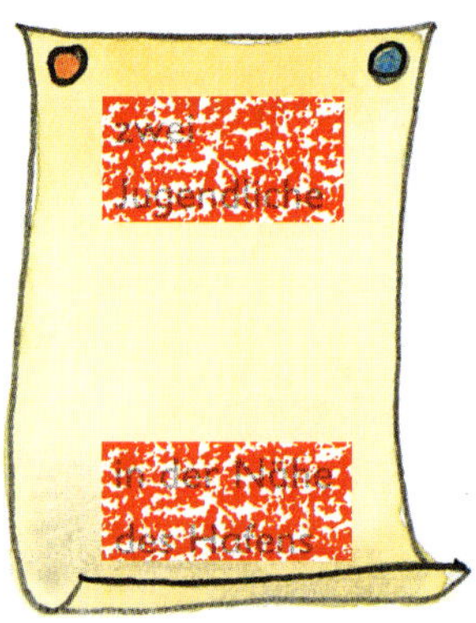

Wann geschah es?

____

Was passierte?

____

____

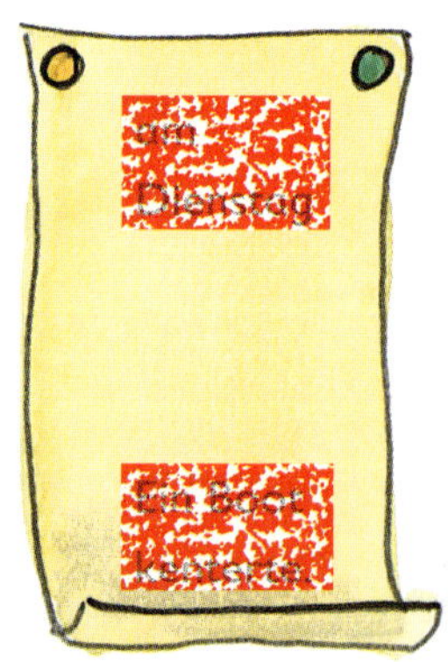

3 Jede Spur, die von dem Wort in der Mitte ausgeht, erzählt eine andere Geschichte. Kannst du die fehlenden Wörter ergänzen?

Tipp Sammle zuerst Stichwörter, wenn du eine Geschichte schreiben willst. Die Antworten auf die Fragen Wer? Wann? Wo? Was? Wie? helfen dir dabei.

4 Was hat Karlo in den Ferien erlebt? Schließe deine Augen und stell dir sein Abenteuer vor. Was riechst und hörst du? Schreibe Stichwörter in die Wolken.

5 Schreibe die Geschichte in dein Heft. Die Stichwörter helfen dir. Findest du auch eine passende Überschrift?

Die Reihenfolge einhalten

1 Steffi macht mit ihrer Schwester einen Ausflug mit Picknick. Am Abend schreibt Steffi Stichwörter in ihr Tagebuch:

- ☐ *nach dem Essen Ball gespielt*
- ☐ *Picknickkorb gepackt*
- ☐ *losgefahren*
- ☐ *nach Hause gefahren*
- ☐ *gegessen*

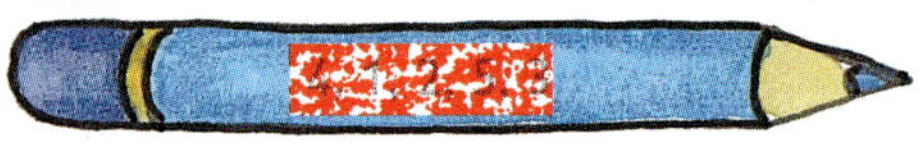

Irgendetwas ist hier durcheinandergeraten. Nummeriere in der richtigen Reihenfolge.

Tipp Überlege dir bei jeder Geschichte genau, was nacheinander passiert. Die Wörter zuerst, dann, danach, anschließend, zuletzt helfen dir dabei.

2 Bilde mit den Stichwörtern aus Steffis Tagebuch Sätze in der richtigen Reihenfolge.

Zuerst *haben wir den Picknickkorb gepackt.*

Dann ______________________

Danach ______________________

Später ______________________

Abends ______________________

3 Steffi verziert ihre Tagebuchseiten mit schönen Abdrucken von Blättern. Schau dir die Bilder an. Schreibe zu jedem Bild einen Satz. Benutze dabei die Wörter *dann, danach* und *zuletzt.*

1. sammeln, frische Blätter

Zuerst sammelt Steffi frische Blätter.

2. Wasserfarben, Rückseite eines Blattes, bemalen

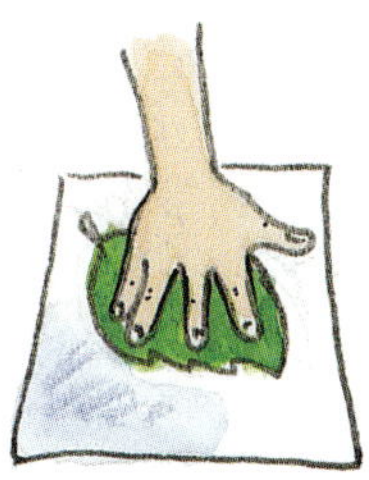

3. umdrehen, auf Papier, kräftig drücken

4. vorsichtig abziehen, fertig

4 Bringe die Bildergeschichte in die richtige Reihenfolge.

Aufsatzaufbau

1 Simon und Jan verkleiden sich oft als Indianer. Was ist den beiden am Wochenende passiert? Lies den Text. Was fällt dir auf?

> Simon und Jan hatten keine Lust, alleine zu spielen. Sie beschlossen deshalb, eine Indianerbande zu gründen.

> Am Abend gingen Simon und Jan müde nach Hause. Jan sagte zufrieden: „So einen lustigen Nachmittag haben wir schon lange nicht mehr erlebt!“

Hier stehen nur der Anfang und der Schluss der Geschichte. Was ist wohl dazwischen passiert? Sammle zunächst Stichwörter und schreibe sie auf. Das Bild hilft dir, Ideen für deine Geschichte zu finden.

2 Schreibe nun mithilfe deiner Stichwörter den fehlenden Teil in dein Heft. Findest du eine passende Überschrift?

3 Aus Simons Indianer-Kopfschmuck sind Federn herausgefallen. Weißt du, was unter den Federn steht? Trage die fehlenden Wörter ein.

Jede gute Geschichte besteht aus Überschrift, ___, Hauptteil und Schluss.

Die Überschrift soll die ___ wecken.

Die Einleitung gibt eine kurze ___ in die Geschichte: Von wem handelt sie? Wo und wann passiert sie?

Der Hauptteil ist der ___ und wichtigste Teil einer Geschichte. Er sollte spannend sein und einen ___ haben.

Der kurze Schluss sagt dem Leser, wie die Geschichte ___.

Tipp

Den Aufbau einer Geschichte kannst du mit dem Traum-Hund vergleichen.

4 Schreibe eine Indianergeschichte.
Suche dir von den beiden Einleitungen eine aus.
Schreibe einen Hauptteil und einen Schluss dazu.

Am Abend soll ein großes Fest im Indianerdorf stattfinden. Der Indianerjunge sucht Holz für das Lagerfeuer. Da hört er hinter sich ein bedrohliches Schnauben …

Kleiner Bär und seine Schwester Kleine Blume haben heimlich das Pferd des großen Häuptlings losgebunden und reiten durch die Prärie. Plötzlich …

Reizwortgeschichten

1 Wenn Max nur zaubern könnte …
Dann würde er mit einem Zauberteppich in sein Traumland fliegen. Wohin würdest du fliegen? Schließe die Augen. Stelle dir deine Reise mit dem Zauberteppich in dein Traumland vor.

2 Was hast du erlebt? Schreibe deine Geschichte auf. Folgende Wörter sollten darin vorkommen:

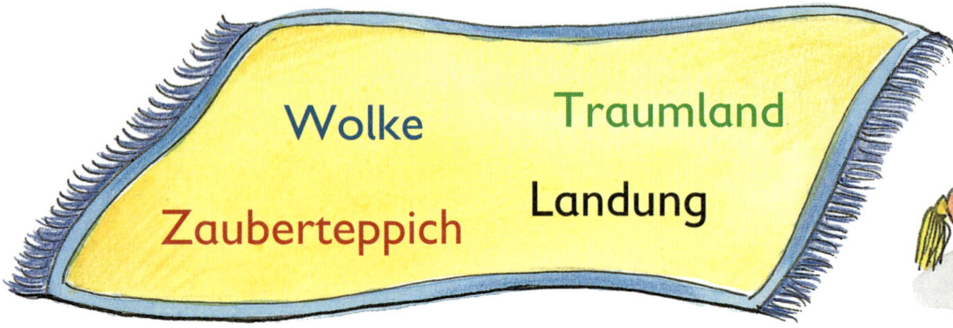

Tipp Achte darauf, dass deine Geschichte aus Überschrift, Einleitung, Hauptteil und Schluss besteht.

3 Von was Konfetti wohl träumt? Wähle dir eines der Wörter auf der Schatztruhe aus. Schreibe dieses Wort in die gelbe Denkblase und sammle Stichwörter dazu. Erzähle Konfettis Traum mithilfe deiner Wörter.

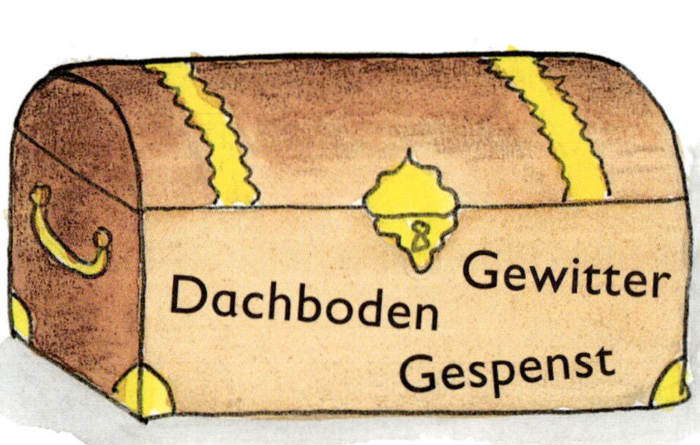

4 Der Zauberer hat Wörter in die Hüte gezaubert. Verbinde immer zwei Hüte miteinander und überlege dir einen Satz, in dem beide Wörter vorkommen.

Max malt ein großes Bild von einer roten Blume.

5 Wie sieht dein Zauberteppich aus? Suche dir die Wörter aus, mit denen du eine Geschichte schreiben willst. Male diese Felder bunt an.

Berg	Gewitter	Höhle
zelten	Nacht	Gespenster
reiten	Sturz	Zaun

Wortfelder

1 Petra ist mit ihren Freunden im Zeltlager.
Am Abend schreibt sie ihrer Mutter einen Brief.

Gestern haben wir viel ~~gemacht~~. unternommen

Zuerst haben wir ein Bild gemacht. ____________

Wir haben einen Preis gemacht. ____________

Wir haben etwas zu essen gemacht. ____________

Doris hat einen Kuchen gemacht. ____________

Im Brief kommt ein Tunwort ziemlich häufig vor.
Welches? ____________

Ersetze es durch die Wörter auf dem Teppich.

Tipp Deine Geschichte wird spannender, wenn du unterschiedliche Tunwörter benutzt. Überlege, *wie* die Menschen etwas tun und suche dann das passende Tunwort.

2 Am Lagerfeuer unterhalten sich die Kinder lange. Welche anderen Wörter für *sagen* kannst du verwenden? Benutze die Wörter in den Flammen.

Petra ______________ Tina ein Geheimnis ins Ohr.

Niklas ______________ : „Spielt jemand mit mir Karten?“

Doris ______________ : „Ja, ich würde gern mitspielen.“

Andi ______________ : „Wer hat mein Glas umgeworfen?“

Susi ______________ von Weitem: „Gute Nacht!“

[redacted]

3 Schau dir die Bilder an. Überlege, welches Wiewort am besten in die Lücke passt. Die Wörter im Kasten helfen dir.

ängstlich	fröhlich
wütend	entsetzt

Petra sagt ______________ : „War doch nur Spaß!“

Holger ruft ______________ : „Was, du hast einen Frosch in der Tasche?“

Doris fragt ______________ : „Hast du dieses Geräusch auch gehört?“

Niklas schreit ______________ : „Wer hat mein Fahrrad weggenommen?“

4 Benutze bei deinen Geschichten unterschiedliche Begriffe. Findest du ähnliche Wörter für *gehen*?

laufen, ______________________________

____

____

Tipps für gute Geschichten

1 Katrin erzählt ihren Eltern, was sie am Samstag alles mit ihrer Freundin Susi erlebt hat. Fällt dir etwas auf?

Wir gingen am Samstag in den Zoo.
Wir waren eine Stunde bei den Eisbären.
Wir haben danach das Schlangenhaus besucht.
Wir fanden die Affen am lustigsten.

Jeder Satz beginnt mit dem gleichen Wort. Kannst du die Sätze umstellen?

Am Samstag ____________________

____

____

____

____

____

2 Schmücke die Sätze aus und beschreibe genau. Benutze die Wörter auf Katrins Büchern.

Katrins Bruder spielt.

Katrins kleiner Bruder spielt im Garten.

Katrin liest.

____________________ [redacted]

Oma kocht.

____________________ [redacted]

Papa wartet.

____________________ [redacted]

3 Katrin erzählt, was ihr mit Susi am Sonntag passiert ist.
Kannst du ihre Geschichte lebendiger erzählen?

Tipp Verbinde kurze Sätze miteinander, dann ist die Erzählung lebendiger. Diese Wörter helfen dir dabei:
und, als, nachdem, wenn, während, weil, dann, deshalb,
z. B.: Ich freue mich. Oma kommt zu Besuch.
Ich freue mich, weil Oma zu Besuch kommt.

Wir waren im Wald. Wir sahen einen Hund.

Er war nass. Er hat gezittert.

Susi streichelte ihn. Er hörte auf zu zittern.

4 Was hast du am Wochenende erlebt?
Schreibe deine Erlebnisse in dein Heft.
Denke daran, kurze Sätze miteinander zu verbinden.
Die Wörter auf Karlos Zettel helfen dir.

Spannend erzählen

1 Birgit ist allein zu Hause. Sie kann nicht einschlafen, weil sie sich fürchtet. Schau dir das Bild genau an. Woran erkennst du, dass Birgit Angst hat? Schreibe deine Antwort auf die Linien.

2 Du hast bestimmt auch schon Angst gehabt. Wie hat sich das angefühlt? Male die Blasen an, die Angstgefühle beschreiben.

- den Atem anhalten
- schmunzeln
- das Herz bleibt beinahe stehen
- die Augen leuchten vor Freude
- starr vor Schreck
- lachen
- begeistert in die Hände klatschen
- blass werden
- das Herz pocht wie wild
- am ganzen Körper zittern
- [illegible]
- aufgerissene Augen

3 Schließe die Augen. Denke an eine Situation, in der du große Angst hattest. Wie hast du dich gefühlt? Schreibe eine spannende Geschichte in dein Heft.

furchtbar · schrecklich · unheimlich · unbekannt · düster · dunkel · unruhig · nervös · verzweifelt

Tipp Achte auf die Satzanfänge, wenn du eine spannende Geschichte schreiben willst. Diese Wörter helfen dir: plötzlich, auf einmal, kurz darauf, sofort, vor Schreck.

4 Finde eine passende Überschrift für deine Geschichte.

5 Willst du wissen, wovor Konfetti Angst hat? Dann male alle Felder aus, in denen ein sinnvolles Wort steht.

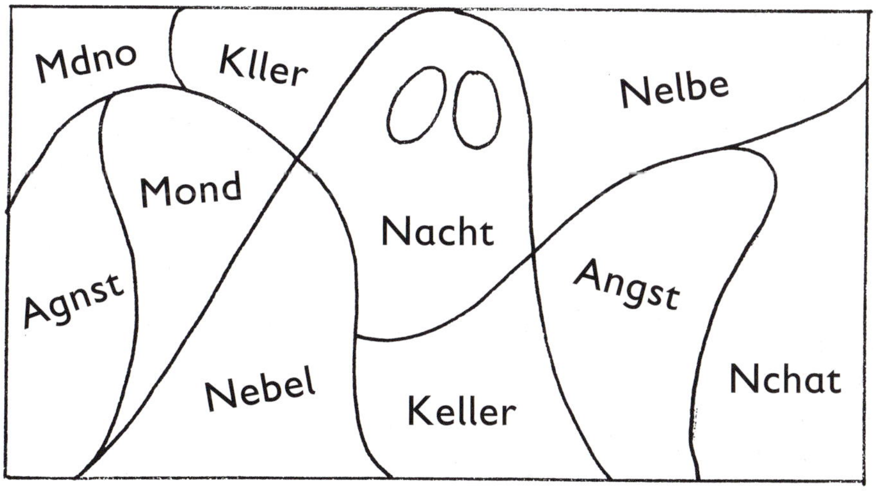

Erzählzeit / wörtliche Rede

1 Kai erzählt Jens, was ihm beim Einkaufen passiert ist.

„Gestern ging ich in den Supermarkt. Ich biege in einen engen Gang ein. Aus Versehen stieß ich eine Frau an. Sie stolpert und fiel gegen einen Turm mit Konservendosen. Der ganze Turm kippte um. Der Verkäufer verlangt von mir, dass ich den Turm wieder aufstelle."

Streiche alle Tunwörter in der falschen Zeit durch. Schreibe die richtige Form auf.

Tipp Entscheide dich für eine Erzählzeit und bleibe durchgehend dabei.

2 Was könnten die Personen in Kais Geschichte sagen? Fülle die Sprechblasen aus.

3 Schau dir das Bild rechts genau an. Was könnten die Personen sagen? Schreibe die Sätze auf. Denke an die Zeichen für die wörtliche Rede.

a) Kai schmatzt: ______________________

____

b) Oma stöhnt: ______________________

____

c) Vater keucht: ______________________

____

d) Kais Schwester fragt: ______________________

____

Regel Deine Geschichten werden lebendiger, wenn du die wörtliche Rede benutzt. Überlege, was die Personen sprechen. Denke an die Zeichen für die wörtliche Rede, z. B. Kai fragt: „Wie geht es dir?“

4 Denke dir noch mehr Sätze aus. Verwende dabei die Wörter: *schimpfen, rufen* und *lachen*.

____

____

____

Bildergeschichten

1 Sven macht mit seinen Freunden ein Seifenkistenrennen. Er muss das Rennen nach der zweiten Runde abbrechen. Schau dir das Bild genau an. Was ist passiert? Schreibe Stichwörter auf.

2 Setze die Silben richtig zusammen. Du erhältst Wörter, die mit dem Wortfeld *fahren* zu tun haben.

3 Kannst du jetzt die Geschichte mithilfe deiner Stichwörter aufschreiben? Benutze dabei verschiedene Wörter für *fahren* (siehe Aufgabe 2).

Tipp Wenn du zu einem Bild eine Geschichte schreibst, so schau dir zuerst das Bild genau an und schreibe Stichwörter auf. Überlege dir, was vorher und nachher geschieht. Gib den Personen Namen.

4 Schau dir die Bilder an. Olli hat das Rennen gewonnen, Sven verloren. Überlege dir, wie sich Olli und Sven fühlen. Verbinde die Wörter mit dem passenden Bild.

ist enttäuscht

ist traurig

ärgert sich

lacht

strahlt über das ganze Gesicht

ist glücklich

5 Was erzählen die beiden wohl ihren Eltern von dem Rennen? Erzähle die Geschichte entweder aus Ollis oder aus Svens Sicht.

„Stellt euch vor, ______________________________

____

____

Personenbeschreibung

1 Die Kinder machen ein Ratespiel. Jeder verkleidet sich und beschreibt dann das Kostüm eines anderen. Schau dir das Bild genau an. Finde heraus, welches Kostüm gemeint ist.

2 Zwei Kostüme der Kinder auf dem Bild fehlen noch. Kannst du sie beschreiben?

3 Stell dich vor einen Spiegel und beschreibe dich möglichst genau. Benutze dazu treffende Wiewörter und bilde ganze Sätze. Die Wörter auf Karlos Schild helfen dir bei deiner Personenbeschreibung.

Steckbrief

Haar/Haarfarbe: ______________________________

____

Augenfarbe: ______________________________

____

Gesichtsform: ______________________________

____

Kleidung: ______________________________

____

Besonderheiten: ______________________________

____

____

4 Handelt es sich hier auch um eine Person? Male nach dieser Beschreibung ein Bild in den Bilderrahmen.

Er ist groß und grau, hat dicke Beine und riesige Ohren. Er frisst nur Obst und Gemüse. Außerdem hat er zwei Stoßzähne und einen langen, grauen Rüssel.

Ein Rezept schreiben

1 Sandra backt für das Schulfest zwei verschiedene Kekssorten. Lies dir das Rezept durch. Was muss man tun? Unterstreiche und schreibe auf.

Das Mehl <u>verrührt man</u> mit der Milch.
Dann schlägt man die Eier hinein.
Darauf lässt man den Zucker rieseln.
Man vermengt alles zu einem Teig.
Den Teig knetet man zu einem Kloß.
Nun wartet man eine halbe Stunde.
Dann rollt man den Teig aus. Danach sticht man verschiedene Plätzchen aus.
Die Plätzchen backt man im Ofen, bis sie goldgelb sind.

man verrührt, ______________________________

____

____

Tipp Ein Rezept wird in der Gegenwart geschrieben. Achte auf vollständige Angaben und die richtige Reihenfolge.
Entscheide, welche Form der Ansprache du wählst:
1. Unpersönlich: Man nimmt 1 kg Mehl.
2. Als Aufforderung: Nimm 1 kg Mehl.

2 Konfetti hat einige Kekse angeknabbert. Kannst du die Wörter darauf trotzdem lesen? Schreibe sie auf.

kn _e_ _t_ en | verr ___ ___ ___ en | ro ___ ___ en

3 Setze beim zweiten Rezept die Tunwörter *streuen, verrühren, geben, schmelzen, kneten, fügen* in der richtigen Form ein.
Hast du Lust, das Rezept auszuprobieren?

250 g Mehl
1 Teelöffel Backpulver
150 g Butter
125 g Zucker
1 Ei
2 Päckchen Vanillinzucker
1 Prise Salz
geriebene Schale von
1 Orange

Man __________ das Mehl zusammen mit dem Backpulver in eine Schüssel. Nun lässt man langsam die Butter in einem Topf __________ .
Man __________ die Butter mit dem Mehl.
Danach __________ man Zucker, Ei, Vanillinzucker und Salz hinzu. Zum Schluss __________ man die geriebene Orangenschale darüber und __________ alles zu einem festen Teig.

4 Auch Karlo möchte ein Keksrezept ausprobieren.
Lies, wie er die Kekse backen muss. Erstelle dann ein Rezept und schreibe es in dein Heft.
Formuliere Aufforderungssätze.
Der Tipp auf Seite 24 hilft dir.

„Ich verrühre zuerst Mehl, Milch und Eier zu einer schaumigen Masse. Danach lasse ich den Zucker und Vanillinzucker einrieseln und vermenge alles zusammen. Am Schluss schütte ich das Kakaopulver dazu. Ich knete alles zu einem Kloß. Dann rolle ich den Teig aus und steche Kekse aus."

5 Sammle deine Lieblingsrezepte und stelle dein eigenes Rezeptbuch her.
Fällt dir auch ein eigenes Rezept ein?

Gegenstände beschreiben

1 Detektiv Karlo war auf einem Geburtstagsfest. Am Abend bemerkt er, dass er seinen Pullover verloren hat. Lies, was Karlo sagt. Was fehlt in seiner Beschreibung?

Am nächsten Tag hängt Karlo eine genaue Beschreibung des Pullovers an den Baum.

> Wer hat meinen Pullover gefunden?
> Er ist sehr lang und weit und aus weicher Wolle gestrickt. Seine Farbe ist dunkelblau, auf der Vorderseite hat er weiße Quadrate.
> Auf dem linken Ärmel am Ellbogen ist ein roter Lederflicken. Der Pullover hat die Größe L.

Tipp Benutze passende Wiewörter. So kannst du Form, Farbe, Material und die besonderen Kennzeichen eines Gegenstandes genauer beschreiben.

2 Weißt du jetzt, wie Karlos Pullover aussieht? Ergänze die fehlenden Angaben.

a) Farbe: dunkelblau ____________________

b) Form: ____________________

c) Muster: ____________________

d) Material: ____________________

e) Größe: ____________________

f) Besondere Kennzeichen: ____________________

____

3 Schau dir die Schuhe gut an. Welcher Schuh passt genau zur Beschreibung auf dem Karton?
Kreise den richtigen Schuh ein.

4 Lies dir die Beschreibung genau durch. Kannst du Karlos Lieblingshose jetzt richtig anmalen?

- blau mit roten Streifen
- zwei Taschen an der Seite
- Flicken am linken Knie
- Loch unten links
- drei rote Knöpfe
- roter Hosenbund

5 Beschreibe die Gegenstände aus dem Schrank möglichst genau. Verwende dabei viele Wiewörter.

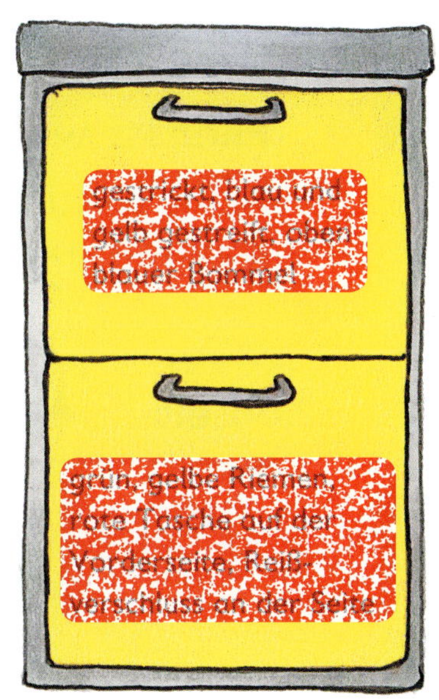

Eine(n) Einladung / Brief schreiben

1 Thomas hat bald Geburtstag. Hilfst du ihm, die Einladung zu schreiben? Ergänze die Lücken auf der Karte. Die Wörter auf dem Briefumschlag und der Tipp helfen dir.

____

____

ich lade dich zu meinem Geburtstagsfest

am 14. November ______________

______________ herzlich ein.

Viele ______________

Dein Thomas

Tipp Achte in deinem Brief auf diese Reihenfolge:

1. Datum (eventuell auch dein Wohnort)
2. Anrede bei Freunden/Verwandten: *Liebe/Lieber*
   bei Erwachsenen: *Sehr geehrte Frau/geehrter Herr*
3. Text
4. Schluss bei Freunden/Verwandten:
   Liebe Grüße oder *Bis bald* oder *Alles Gute …*
   bei Erwachsenen: *Mit freundlichen Grüßen*

2 Hier ist wohl etwas durcheinandergeraten. Kannst du die Wörter wieder in die richtige Reihenfolge bringen?

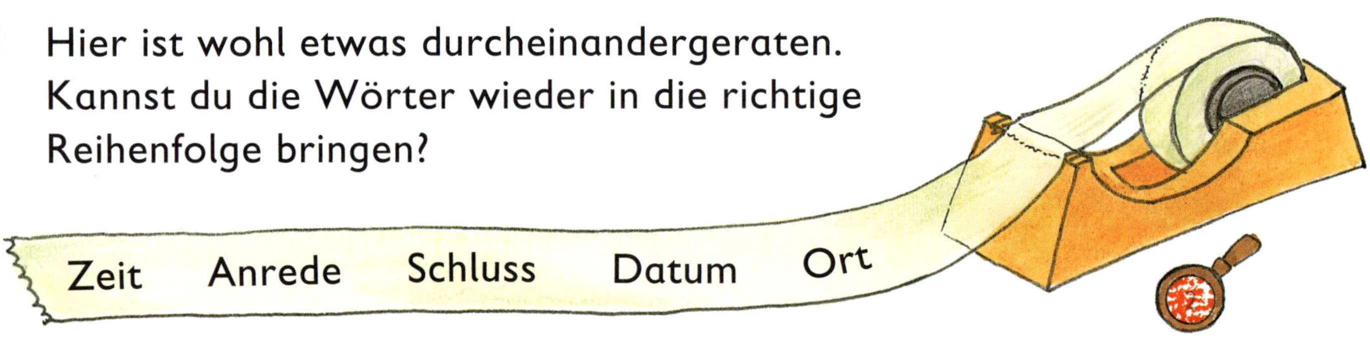

____

____

3 Schreibe jeweils eine passende Anrede und einen passenden Schluss dazu.

a) Brief an den Lehrer

Anrede: ______________ Schluss: ______________

b) Brief an einen Freund

Anrede: ______________ Schluss: ______________

[redacted]

4 Thomas schreibt seinem Onkel einen Brief und erzählt von seiner Geburtstagsfeier. Bringe die Satzteile in die richtige Reihenfolge und schreibe den Brief in dein Heft.

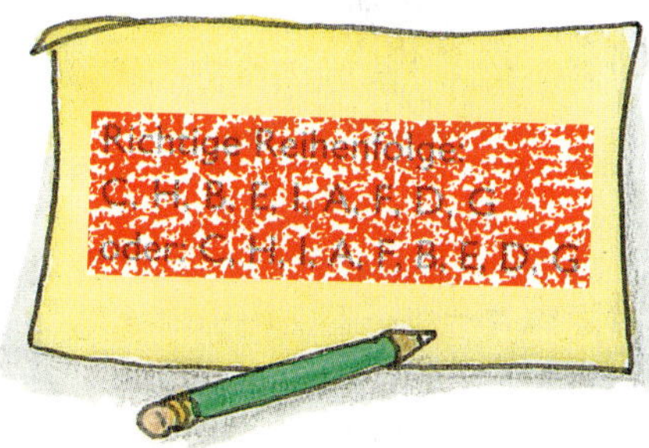

A Alle meine Freunde waren da.

B Vielen Dank für dein tolles Geschenk.

I Meine Geburtstagsfeier war sehr schön.

F Wir haben bis abends gefeiert.

D Liebe Grüße

G Dein Thomas

E Ich habe den Drachen schon fliegen lassen.

C 16.11.

H Lieber Onkel Michael

5 Schreibe einen Brief an jemanden, der dir wichtig ist. Schreibe den Text in deinem Heft vor. Jetzt kannst du den Brief schön abschreiben und verzieren.

Wiederholung

1 Kannst du die Aussagen den richtigen Begriffen zuordnen? Male das Kästchen in der gleichen Farbe aus: Überschrift, Einleitung, Hauptteil, Schluss.

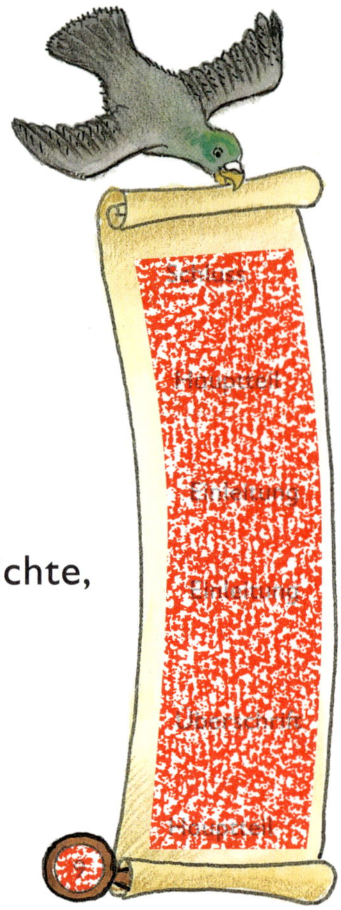

- ☐ Ende deiner Geschichte
- ☐ Längster und wichtigster Teil deiner Geschichte
- ☐ Einführung in deine Geschichte
- ☐ Von wem handelt deine Geschichte, wo und wann passiert sie?
- ☐ Macht neugierig, darf aber nicht zu viel verraten
- ☐ Höhepunkt

2 Weißt du, wie sich diese Tiere fortbewegen? Schreibe die passenden Tunwörter auf. Die Wörter auf dem Schild helfen dir.

____

____

____

____

____

Tipp Wenn du eine Aufgabe nicht lösen kannst, schau noch einmal vorne nach.

3 Lies die folgende Geschichte. Kannst du sie spannender erzählen? Wähle passende Satzanfänge aus und schreibe die neue Geschichte in dein Heft.

Peter spielt im Hof mit seinem neuen Ball.
Dann rollt der Ball aus dem Tor auf die Straße hinaus. Dann läuft Peter erschrocken hinterher.
Dann sitzt ein Hund auf dem Bürgersteig.
Dann nimmt der Hund den Ball und rennt damit weg.
Dann ruft Peter: „Ich will meinen Ball wiederhaben."

4 Jeweils zwei Begriffe passen zusammen. Verbinde die Tunwörter mit den passenden Puzzleteilen.

schleichen   trampeln   flüstern   schreien

5 Wie schreibt man eine gute Geschichte? Einige Tipps sind falsch. Streiche diese durch.

1. Die Personen denken und sprechen lassen
2. Sätze immer mit *dann* beginnen
3. In einer Erzählzeit bleiben
4. Immer die gleichen Tunwörter verwenden
5. Wechselnde Satzanfänge
6. Passende Wiewörter
7. Überhaupt keine Wiewörter verwenden
8. Richtige Reihenfolge des Geschehens einhalten

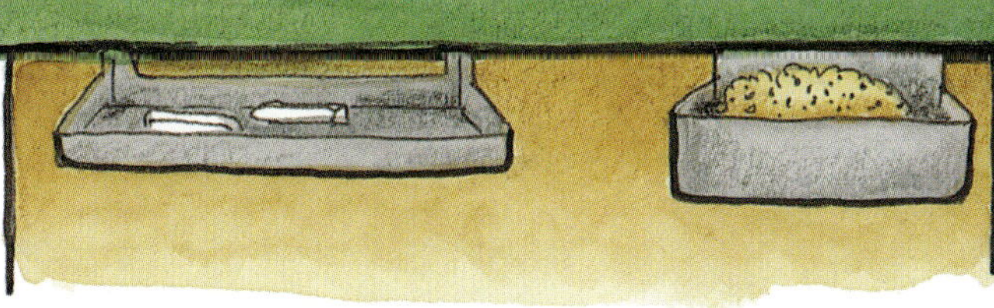

Knack den Code

Code knacken
und mit jedem Heft
14 Tage kostenlos
online lernen auf
scoyo.de*
Spielen, lernen, gute Noten.

Auf jeder Doppelseite findest du eine kleine braune Lupe. Darin steht jeweils eine Zahl.

- Schreibe die Zahlen nacheinander auf die Linien.
- Ersetze sie dann durch die Buchstaben, die auf dem Zettel versteckt sind: zum Beispiel 13 durch den Buchstaben A.
- Trage jeweils den passenden Buchstaben unter der Zahl ein. Wie heißt der Lösungssatz?

CODE

12 = [redacted]	15 = [redacted]
5 = [redacted]	3 = [redacted]
13 = [redacted]	18 = [redacted]
9 = [redacted]	6 = [redacted]
20 = [redacted]	7 = [redacted]
2 = [redacted]	

___ ___ 9 ___ ___ ___ 13 ___ ___ 9 ,

___ ___ ___ 5   ___ 6 ___ ___ ___ 12 ___ !

[redacted]

Hast du den Lösungssatz ermittelt? Dann kannst du online spielend weiterlernen auf scoyo.de.
Notiere hier der Reihe nach die Buchstaben aus den grün markierten Feldern im Lösungssatz.

Besuche im Internet die Seite www.scoyo.de/ravensburger und gib dort die Buchstabenkombination aus dem Heft ein. Über 4000 Lerngeschichten und mehr als 10 000 Übungen und Tests warten auf dich.

Viel Spaß beim Lernen mit scoyo wünschen dir
deine Lern-Detektive

* Keine Vertragsbindung, keine Verlängerung – Kinder können scoyo 14 Tage lang völlig unverbindlich und kostenfrei testen. Die Testphase endet automatisch und ist mit keinerlei Verpflichtungen verbunden. Eine Kündigung ist nicht erforderlich.